Jérôme Aviron

Rangé des voitures

Jérôme Aviron

Rangé des voitures

Éditions Muse

Imprint
Any brand names and product names mentioned in this book are subject to trademark, brand or patent protection and are trademarks or registered trademarks of their respective holders. The use of brand names, product names, common names, trade names, product descriptions etc. even without a particular marking in this work is in no way to be construed to mean that such names may be regarded as unrestricted in respect of trademark and brand protection legislation and could thus be used by anyone.

Cover image: www.ingimage.com

Publisher:
Éditions Muse
is a trademark of
International Book Market Service Ltd., member of OmniScriptum Publishing Group
17 Meldrum Street, Beau Bassin 71504, Mauritius
Printed at: see last page
ISBN: 978-620-2-29667-0

Jérôme Aviron

Rangé des voitures

Poésie

Du même auteur :

Editions Rhéartis

Simplement *(première période) (2014)*

Simplement *(deuxième période) (2014)*

Editions Lulu

La passerelle volante (2017)

Dédicace

Passé le demi-siècle, le regard s'attarde sur l'aujourd'hui, et un sourire aux lèvres vous invite à vivre paisiblement les heures qui s'écoulent, heureux tout simplement…

Jérôme AVIRON

« Tout me revient sans s'annoncer,
Quand les souvenirs s'invitent,
Surgis d'un lointain passé,
Que la brume du temps abrite »

Le petit ramoneur

A Cormorand, le 17 mai 2012

18 h

L'escargot transporte sa maison,
Comme le ramoneur
Son échelle, suivant les saisons,
De taudis en demeures.

Humble poêle à bois,
Et cheminée monumentale,
L'accueillent par du vin d'Arbois,
Ou un mets frugal.

Chacun y trouvera son compte,
L'hiver au coin de l'âtre,
Quand les grands-mères se racontent,
Le temps jadis, bleuâtre.

Tout le monde voudra y croire,
Si l'honneur de la famille est sauf,
D'un bonheur fictif illusoire,
Voleur de la vérité qui réchauffe.

Là-haut en Savoie près des alpages,
Les petits montagnards,

Causent du loup sauvage,
Prêt à se nourrir de savoyards.
Pourtant, les conduits d'évacuation,
S'avèrent souvent plus dangereux,
Que des meutes en voie d'extinction,
Dans nos pays européens frileux.

Les farias disparaissent,
Tout aussi décimées que les leus,
Qui sans remords délaissent,
Le chaperon rouge aux aïeux.

Quatrains cubains

A Cormorand, le 18 mai 2012

18 h

A Cuba sur la jetée,
Les enfants aperçoivent au loin,
Le navire qui bientôt rejoint,
D'autres chemins convoités.

Ceux de l'espérance et du doute
Parfois, faute de connaître
Les continents, où demain vont renaître
Pour eux, de nouvelles routes.

Après plus de cinquante-trois ans,
D'un régime totalitaire,
Forgé dans les pleurs et le sang,

Surgit un espoir embryonnaire.

Castro, le dictateur mortel,
Ne parvint pas à étouffer,
La joie d'un peuple fidèle,
A la vie ébouriffée.

La censure et les privations,
N'ont jamais eu raison,
Des chants et percussions,
Qui courent dans les rues à foison.

Le bonheur est de tout âge,
Pourvu que sans aucun préjugé,
Son proche l'on envisage,
Plutôt que de le dévisager.

Cette île, pleine d'une jeunesse
Avide de liberté,
Détient là sa véritable richesse,
Et sa plus noble fierté.

Tout reste possible, à qui
Sait conforter sans réserves,
Les généreux souhaits, croquis
De ses desseins en conserves.

Un jour, La Havane s'ouvrira
A un avenir meilleur,
Que sa population portera
Tel un trophée, ici ou ailleurs.

Causerie au coin du feu

A Cormorand, le 19 mai 2012

Minuit

Du soleil au zénith plein les yeux,
Un jeune lycéen avisé,
Nommé Etienne Espieux,
Venait là pour réviser.

En sortant du souper,
Nous nous sommes croisés
Au Barroux, fort préoccupés,
Par nos âmes à rassasier.

Je voyais déjà poindre,
Dans ce visage encore poupon,
La flamme qui s'embrase, pour rejoindre
L'avenir sur le pont.

Mais le bac de français,
Première étape vers Saint-Cyr,
A grands pas rapides s'annonçait,
L'empêchant de dormir.

Alors, la conversation fila,
Au rythme des pensées,
Vagabondes ou sur l'au-delà,
Sans voir le temps passer.

A près de vingt ans d'écart,
Nous nous retrouvions sur bien des choses,
Heureux de se découvrir sans fard,
Devant l'âtre virtuose.

Chacun apprenait de l'autre,
Sans souci de s'imposer,
Mais plutôt de faire nôtre,
L'expérience remisée.

Au coeur de la nuit provençale,
Nous regagnions nos cellules monacales,
Soucieux de ne pas réveiller les chers
moines,
Gardiens d'un précieux patrimoine.

Depuis environ plus de dix ans,
L'amitié demeure vivace,
Fraternelle chemin faisant,
Qui dans la fidélité s'enchâsse.

Demain, le lieutenant
Epousera Tiphaine,
Beau couple de maintenant,
Au consentement perenne

Ernest Psichari

A Cormorand, le 19 mai 2012

Telle une voix qui crie dans le désert,
Il prit contre son père,
Le parti de ses pairs,
Sans savoir qu'il allait mourir à la guerre.

Ernest Psichari, avait choisi
Le métier des armes, avant
Sa conversion auprès de Péguy,
Un matin du temps de l'Avent.

Il recevait le Saint baptême
Petit, dans les bras de sa grand-mère,
Orthodoxe tout de même,
Mais bonne intermédiaire.

Néanmoins, l'un de ses grands-pères,
N'était autre qu'Ernest Renan,
Qu'il aimait sans en faire mystère,
Malgré leurs ressentis dissonants.

Ses lointains périples africains,
Lui redonnèrent le goût,
Du sacré et du divin,
Face aux musulmans à genoux.

Lui revint alors en mémoire,
Sa propre spiritualité,
Qu'il pleura par un lumineux soir,
A l'heure de la voie lactée.

Ces voyages de centurion,
Le conformèrent peu à peu,
A celui de l'Evangile, preux
Soldat fidèle, sans objections.

Aux côtés de Maritain,
Et de bons amis sincères,
Il approfondit sans esprit puritain,
L'intelligence des Célestes Mystères.

Puis, par devoir devenu poilu,
Il partit pour de sinistres fronts,
Endeuillés par la mort goulue,
Qui à la vie est un affront.

Fauché lors d'une embuscade,
Il expire au lieu-dit « Rossignol »,
En enfant de Dieu qui musarde,
Ecrivain à la vibrante parole.

Avant de m'endormir

A Cormorand, le 20 mai 2012

Minuit

Par la porte-fenêtre à petits carreaux,
J'aperçois soudain mon clocher,
Celui de Dardilly-le-bas qui tient cachée,
Une maison près du bistro.

Il s'agit de celle du Saint Curé d'Ars,
Qui est ici né sous l'Ancien Régime,
Et traversa la Terreur, triste farce,
En priant la Vierge, caché sous les cimes.

Je confiais à cet illustre du village,
Chaque soir les peines
De ma journée, remplie de petits naufrages,
Pour les faire siennes.

Rares étaient les nuits,
Où je ne pleurais pas,
En cachette d'autrui,
Sans réveiller papa.

Prisonnier tout le temps,
De mes plâtres blancs nocturnes,
Je redoutais l'instant,
De les chausser, taciturne.

Mais il fallait offrir tout cela,
Malgré le chagrin de mes parents,
Pour qu'un beau jour enfin, loin de là,
Je vole en des lieux moins navrants.

Mes périples incessants,
M'aident à oublier au mieux,
Ces heures noires ne cessant,
De me talonner, anxieux.

Tant que mes jambes me porteront,
Je refuserai de m'arrêter,
Sachant que, probablement viendront
Bien vite d'autres infirmités.

Alors, je voyagerai uniquement
Dans ma tête, ravi
De ces excursions passées, tout bonnement
A embrasser la vie.

Songes sur la terrasse

Cormorand, le 26 mai 2012

15 h

Sur une simple terrasse,
On profite du soleil,
Chacun se prélasse,
Jusqu'au soir vermeil.

L'on oublie ses soucis,
Et le grand air vous inonde,
Dans un élan indécis,
Loin du bruit et du monde.

Les murs se font lilas,
En cette pièce aérée,
Embaumée par les dahlias,
Et les roses nacrées.

Ici, l'on quitte sans peine,
Cette ville mensongère,
Qui court à perdre haleine,
Contre le temps éphémère.

La vie se déguste,
Par petites bolées,
De senteurs augustes,
Ou de joies envolées.

L'acre odeur de l'herbe fauchée,
Rappelle les heures illustres,
Où nos aïeux par amples fourchées,
Ennoblissaient l'ouvrage frustre.

Le rythme des saisons,
Sied à l'humaine nature,
Qui non sans juste raison,
Regarde vers l'azur.

La liturgie Catholique,
Jalonne bien ces étapes,
Pour nous tracer le bon cap,
Au fil de sa dynamique.

Nous sommes faits pour passer dans le
temps,
En accueillant à chaque fois ses marques,
Qui sont pour nous toutes autant
De repères, dans la bourrasque.

Alors, notre existence s'achève,
Mine de rien, lorsque l'on trépasse,
Comme au matin d'une nuit brève,
Quand enfin, rêves et tourments
s'effacent…

Sucrer les fraises

A Cormorand, le 28 mai 2012

Un jour j'irai sucrer les fraises dans l'au-delà,
Lorsque le Bon Dieu voudra,
Sûr de mettre le holà
Aux peines de ce bas monde, qui vous rend
ingrat.

Chaque histoire a sa fin,
Bonne ou mauvaise, c'est selon,
Que l'on soit pécheur ou séraphin,
Il faut avancer tout du long.

L'avenir est au Ciel,
Comme le printemps à l'hiver,
Douce lune de miel,
Qui fait fi des sombres revers.

Heureux les pauvres de coeur,
Qu'ils soient riches ou gueux,
Ils seront toujours à l'heure,

Héraults du Christ, fougueux.

Les fraises, de même que la vie,
Se dégustent aux beaux mois d'été,
Natures ou pleines de crème suivant l'envie,
Ecrasées ou bien mélangées à satiété.

Le tout consiste pourtant à coup sûr,
De former un ensemble homogène,
Qui au crépuscule rassure,
Pour échapper à la géhenne.

Alors, le voile se lève
Sur cet Amour infini,
Du Seigneur Jésus qui jamais ne renie,
Les hommes de bonne volonté en grève...

Au Picon bière

A Lyon, le 1er juin 2012

Rue des remparts d'Ainay,
A la nuit tombée sur Lyon,
L'adolescence renaît,
Quand l'on prend le bouillon.

Devant des demis de Picon,
Les vieux souvenirs reviennent,
Ceux d'Aline au balcon,

Ou de la Nénette, l'ancienne.

Ces cafés du temps jadis,
Derniers refuges des poètes,
Disparaissent au préjudice,
De la mémoire musette.

L'on trouve là des aventuriers,
Qui n'ont pas un sou en poche,
Et voyagent, joyeux mariniers,
Lorsque leurs verres ricochent.

L'écume des bières,
Tient lieu d'embruns salés,
A qui sait refaire,
Le monde étiolé.

Les tables sont barcasses,
Et les clients moussaillons,
Du capitaine Fracasse,
Doux rêveur en haillons.

Chacun y va, de belles formules
En bons mots ou jurons,
Sans oublier ceux qui affabulent,
Bande de gais lurons.

Tout fini dans l'émotion
De se quitter, jusqu'au lendemain soir,
Quand arrive l'addition,
Avant de se disperser dans le noir…

Fantaisie

A Lyon, le 15 juin 2012

J'ai puisé à la source,
De l'inspiration du Fou chantant,
Là où les poètes se ressourcent,
A leur âme d'enfant.

La jeunesse n'a pas d'âge,
Et revient sans prendre garde,
Aux oiseaux de mauvais présage,
Comme à ceux qui les regardent.

L'avenir n'est ni derrière,
Ni devant ces fous charmants,
Mais bien dans le présent qui fait carrière,
Aux cœurs des amoureux pleins de
serments.

Loin des angoisses pour frileux
Bedonnants, la vie se dessine
Au fil des rencontres, sous le clair ciel bleu
Des vacances, ou au sortir de l'usine.

Point d'humeur chagrine,
Pour qui sait sourire,
A la vie pérégrine,
Sans se soucier du pire.

Le meilleur reste à venir,
Quand l'on regarde chaque jour,
Comme pour se souvenir,
Qu'il ne sera pas toujours.

L'éphémère qui dure,
Se poursuit sans coup férir,
Aux confins de l'âge mûr,
Tout prêt à s'endormir.

Alors, on revoit ému,
Ses vingt ans lointains si proches,
Qu'un clin de mémoire remue,
Légers comme l'argent de poche…

Au centre social

A Lyon, le 17 juin 2012

22 h

A la Sauvegarde,
Tous les mardis soirs,
Je venais non pas sur mes gardes,
Mais heureux de dire « bonsoir ! ».

Les jeunes lycéens m'attendaient,
Confiants en ce drôle de bonhomme,
Qui chaque semaine les précédait,
Comme un bien étrange métronome.

Après le soutien scolaire
Classique, nous entamions
La partie peu ordinaire,
Que tous les trois nous aimions.

Mon accompagnement allait au-delà,
Du simple accomplissement des devoirs,
Soutenu toujours en cela,
Par Fabienne au bon vouloir.

Cette responsable de l'établissement
Me laissait carte blanche,
Pour mener à son plein épanouissement,
Sur la vie leur revanche.

Noura et Nabil s'engagèrent,
Dans le respect et la patience,
Vers la réussite, grâce à l'alternance,
Entre temps sérieux et discussions plus
légères.

Alors, je tentais avec bonheur,
De leur faire découvrir,
Notre culture et ses valeurs,
Ainsi que le goût de lire.

De la seconde au bac,
Nous nous enrichissions les uns les autres,
Et nous repoussions en vrac,
Les idées reçues qui ne sont plus nôtres…

Faites de la musique

A Cormorand, le 21 juin 2012

La musique adoucit les mœurs,
Mais surtout elle change notre humeur,
Qui trop se nourrit de la rancœur,
Et cède aux cancans des vieux beaux
charmeurs.

Pourtant, les mélodies
Sont de vrais passeports,
Que l'on tamponne au fil du sort,
Visas aux destinations hardies.

Alors, le spleen nous entraîne,
Sur les chemins de traverses,
Loin devant nos mornes peines,
Au soleil ou sous l'averse.

De triolets en doubles croches,
Les sons voltigent dans un soupir,
Entre de longues rondes blanches,
Que l'on joue en boucle pour frémir.

Les dièses et les bémols
Ne se privent pas d'un écart,
Quand vient la carmagnole,
A l'abri de frêles bécarres.

L'instrument à vent s'échauffe,
Entre les mains du musicien,
Qui tire d'un cuivre ancien,
Des mélopées qui réchauffent.

Cette matière vivante,
Renaît encore dans un souffle,
Etreinte dans une vibrante
Caressc, que l'on camouffle.

L'intensité s'atténue,
En une fin de portée,
Capricieuse et ingénue,
Aux quatre lignes patentées.

La maison de famille

A Lyon, le 26 juin 2012

22 h

Une maison ça s'apprivoise,
Aussi bien qu'on lui appartient,
Que ce soit en Seine-et-Oise,
Ou dans le pays jurassien.

Le retour des saisons,
Embellit cette vieille dame,
Que l'on aime avec raison,
Comme au bord des larmes.

Témoin de notre histoire,
Et bien souvent de la saga familiale,
Elle raconte le soir,
Le passé à la fois triste ou jovial.

Les parfums au fond des placards,
Ressuscitent ses bâtisseurs,
Avec leurs sourires goguenards,
Malgré les journées de labeurs.

L'âtre engourdi,
Réchauffe les hôtes à la flamme,
Du cœur enhardi,
Des gens du lieu à la belle âme.

Nul ne se sent étranger,
Lorsqu'il franchit un jour, le seuil
Par la glycine ombragé,
Dans un chaleureux accueil.

Les pièces chaudes l'hiver,
Gardent en été la fraîcheur,
Pleines de secrets d'hier,
Et des promesses de bonheur.

Les générations se succèdent,
Mais entretiennent sans fard
L'esprit de famille, qui plaide
Pour l'amour, sans crier gare.

Sur les docks

A Lyon, le 26 juin 2012

13 h

Sur les docks, je me promène sans hâte,
A l'affût de la vie qui sourit,
Pensant à la lumineuse Vulgate,
Loin des sombres à priori

Pourquoi certains hommes peu scrupuleux,
Entraînent leurs pauvres frères,
Sur des chemins scandaleux,
D'où l'on revient avec un goût amer ?

Seul le Seigneur, berger de l'azur,
Sait nous guider par Sa houlette,
Au-delà de nos propres moyens,
Le cœur joyeux et l'âme en fête.

Pourquoi ne pas s'égayer
Face à la Création,
Qui sans rien monnayer,
Nous prête attention ?

La nature reste fidèle,
A ceux qui la respectent,
Comme une femme trop belle,
Que l'on trouve suspecte.

Les bateaux voguent sur les mers,
Caraïbe ou caspienne,
Au large des vieilles galères,
Et des rencontres anciennes.

Prendre la clef des champs

A Lyon, le 28 juin 2012

La clef des champs ouvre bien des portes,
Celle du bureau que l'on supporte,
Ou de notre imagination,
Docile aux pérégrinations.

Le beau temps par la fenêtre,
Nous invite à nous estourbir,
Dans l'air embaumé, champêtre,
Qui nous berce avant de dormir.

Les fleurs des bois sommeillent,
Dans la pénombre du soir,
Teintée de couleurs vermeilles,
Mortes dans la nuit noire.

Fugace, le brouhaha taciturne
Des bêtes sauvages,
Emmaille les courtes heures nocturnes,
Au creux des bocages.

Tout le bestiaire enchanté s'anime,
Des grenouilles à la chouette,
Pour accompagner qui badine
Dans les fourrés, drôles de pirouettes.

La mousse des taillis,
Est propice aux amoureux,
Loin des aigres baillis,
Blottis le long des chemins creux.

Comme l'on se couche, on fait son lit,
Parfois craintif ou sans peur,
On redoute l'hallali,
De tous les petits instants de bonheur.

Mais la vraie clef d'une paix profonde,
Se trouve sous la voûte des cieux,
Au chariot d'étoiles vagabondes,
Sages messagères du Bon Dieu.

La fille Jaÿr

A Cormorand, le 30 juin 2012

Elle était là, assise
Sur le tabouret du piano,
Attendant la première prise,
De l'appareil photo.

La voici pour la postérité,
Figée sur la pellicule,
En grand-tante patentée,
Après longue vie au crépuscule.

Usée par la maladie,
Elle descendait ses quatre étages,
A pied malgré son grand âge,
Sans se soucier des fameux « on dit ».

En vain, elle chercha le bonheur
Du bel amour éperdu,
Qui fit son propre malheur,
Pour au final, avoir tout perdu.

Ne vivant bien souvent
Que par procuration,
Elle faisait siens les petits enfants,
De sa cadette pleine d'affection.

Les années passèrent sans bruit,
Des anciennes soieries,
A la rue d'Algérie,
Jalonnées de joies et d'ennuis.

Heureusement, la radio
Lui tenait compagnie,
Avec Eve Ruggiéri,
Et ses frais adagios.

En autodidacte aguerrie,
Mademoiselle Berthe Jaÿr,
Communiqua son goût de l'espièglerie,
A l'oiseau rare que j'allais devenir…

Les bourreaux aux mains propres

A Lyon, le 3 juillet 2012

Au Struthof, dans le Bas-Rhin,
Les prisonniers affluaient,
Venus de l'Europe entière, certains
D'abandonner là tout ce qu'ils étaient.

Cette charmante station d'hiver,
Avait laissé la place,
A la barbarie née de la guerre,
Rendant les cœurs de glace.

L'antique auberge-refuge,
Fut malgré elle, la place forte
Des nazis gantés, dans le déluge
De la civilisation morte.

L'enfer était là, aux portes
De ce paradis d'hier,
Dévoyé pour exploiter les carrières,
A dos d'esclaves, de rose granit.

Ici, des médecins,
Vrais apprentis sorciers,
Infectaient les corps sains,
Sûrs d'eux, sans sourciller.

Disséquant des hommes vivants,
Penchés sur une blanche table carrelée,
Ils se donnaient des airs savants,
En se lavant bien leurs mains, de sang
maculées.

Seul témoin de ces horreurs,
Un vieux lavabo rouillé,
Trône au pied de cet étal de douleurs,
Et nous supplie de ne jamais oublier.

Tout près de là, au Mont Sainte Odile,
Les lieux saints de l'Alsace nous invitent,
A prier au sortir de la visite,
Pour les victimes et les bourreaux vils.

Rue Rosa Luxemburg

A Lyon, le 4 juillet 2012

13 h

Rue Rosa Luxemburg,
Nous logions étudiants,
A trois compères pour
La Maîtrise, confiants.

Nous arrivions de Bourg-en-Bresse,
Charmante faculté
Aux cours de qualité,
Où je vécu des jours de liesse.

Pour l'heure, Saint Martin d'Hères
Nous accueillait ravis, pour toute
L'année universitaire,
Et ses aléas que l'on redoute.

Eric et Laurent m'accompagnaient,
Dans cette nouvelle expérience,
Qui assignait
A résidence.

La vie en communauté,
Me rappelait le pensionnat,
Mais notre rythme déboîté,
Peu à peu nous éloigna.

Pourtant, l'amitié fut plus forte,
Et gomma les aspérités,
Pour revenir en quelque sorte,
A une vraie fraternité.

D'apéritifs en soirées
Bien arrosées, le temps fila,
Pressé de mettre le holà,
A ces moments bigarrés.

Un beau jour, la réussite
Pointa le bout de son nez,
Afin que chacun de nous en profite,
Pour revenir auprès de ses aînés.

Il me reste de ce temps suranné,
Plusieurs souvenirs mitigés,
Et une affection enracinée,
Dans la confiance partagée.

Sur un air d'opéra

A Lyon, le 4 juillet 2012

17 h

Le grand air de la calomnie
Souffle où il veut,
Tel l'oiseau sans nid,
Se moquant toujours des aveux.

Son vent glacial recouvre,
Les honnêtes gens,
Pour peu que l'on découvre,
L'appât de l'argent.

On fait fi de la pauvre vérité,
Qui ne taraude que les innocents,
Soucieux de promouvoir la bonté,
Malgré les si nombreux insouciants.

Les armes fauchent, mais la langue tue,
Sans coup de semonce,
Ni grande annonce,
Ceux qui tentent de vivre la vertu.

Le mal fait beaucoup trop de bruit,
Tandis que le bien reste silencieux,
Heureux de soulager autrui,
Empli d'amour miséricordieux.

Certes, notre monde se repaît,
Des multiples cancans pernicieux,
Qui ne laissent personne en paix,
Enfant mal élevé, capricieux.

Cependant, le temps efface
Les larmes et les chagrins,
Qui ne laissent nulle trace
Des tempêtes, mauvais grains.

Le soleil sèche les fleurs des bois,
Et donne au jour nouveau,
L'air fugitif de la biche aux abois,
En quête de liberté que rien ne vaut.

En tandem

A Lyon, le 5 juillet 2012

A califourchon sur leur tandem,
Benoît et Romuald,
Arpentent sans problème,
Les chemins dédiés aux promenades.

Accourus de leur Doubs natal,
Ils traversent un peu de Suisse,
Pour rejoindre l'impériale
Vienne, au son de ses valses.

L'aventure est au bout du nez,
A la seule force des mollets,
Avant de s'asseoir pour canonner,
De bonnes bières à pleins pichets.

Les cafés liégeois ont grande
Réputation, surtout auprès
Des amateurs de brocs de grès,
Décorés comme des guirlandes.

Alors, on se bourre de quiches,
Pour éponger tout cela,
Tandis que le cœur s'entiche,
D'une blonde descendue là.

De la rousse à la brune,
On ne sait que choisir,
Indécis sous la lune,
Qui cette nuit va roussir.

Demain sonnera l'heure,
Des visites à la Hofburg,
Ou aux Capucins, la demeure
Ultime des Habsbourg.

Soudain, ils feront demi-tour,
Après quelques jours vagabonds,
Pour annoncer leur retour,
Vrais cyclistes pour de bon…

Le courrier

A Lyon, le 5 juillet 2012

11 h

En tee-shirt usé,
L'homme du courrier
N'est pas la risée,
D'autres employés.

Au contraire, il rend service
A chacun dans sa tache,
Trop souvent peu propice,
Aux plaisanteries de potache.

Armé de son chariot,
Le courrier est livré
Des couloirs aux bureaux,
Sans retard avéré.

Ce visiteur du matin
S'organise de son mieux,
Pour apporter tout ses soins,
A l'office fastidieux.

Chaque destinataire vise
Les plis qui lui sont adressés,
Autographes de mise,
Dans ce monde pressé.

On ne regarde pas toujours,
Ce bien gentil commis-voyageur,
Qui nous salue d'un grand bonjour,
Le sourire aux lèvres, rieur.

Pourtant, que serait sans lui
Notre morne quotidien,
Où rien n'est vraiment gratuit,
A part les humeurs de chien.

Grand merci à vous inconnu sans nom,
Pour votre amabilité,
Connue malgré tout de renom,
Au cœur de notre collectivité.

Aux pédales

A Bordeaux, le 8 juillet 2012

Les mains sur le clavier,
L'organiste s'échine
A jouer aux mariés,
Les mélopées divines.

Mais il faut une force d'athlète,
Pour tirer les plus beaux sons,
Sans sonner cors ou trompettes,
Capables de donner le frisson.

Tout ce qui fait l'être du musicien,
Passe dans ses muscles tendus,
Par l'action sur les pédales, ardue,
Vers un haut delà qu'il fait sien.

Par leur souffle, les grandes orgues
Propulsent des harmonies,
Sans ostentation ni morgue,
Pour libérer la symphonie.

Combien de modestes facteurs,
Se sont épanchés soucieux,
Sur ce monument de valeur,
A l'aspect mystérieux.

Toutes ces petites mains,
Ont contribuées mine de rien,
A procurer aux siècles futurs,
La joie de la démesure.

Voila le lot des générations,
Qui se succèdent ainsi dans le temps
Et l'espace, avec pour ambition
De léguer quelque peu l'air d'antan.

Vanité des vanités

A Bordeaux, le 8 juillet 2012

10 h

Les immortels d'aujourd'hui
Ne seront pas ceux de demain,
Nous dit le glas du tocsin,
Qui sonne sans faire de bruit.

Vanité des vanités,
Tout n'est que vanité,
En ce monde agité
Par les mondanités.

De baptêmes en enterrements,
Nous passons dans le temps,
Et sans réelle prise vraiment,
Mais sûr de nous pourtant.

La vie n'est pas un long fleuve tranquille,
Comme le chantent si bien les poètes,
Et les ans qui défilent,
Sont avis de tempêtes.

De joies enfantines simples,
En conflits d'adultes devenus,
Les soucis s'affolent, amples,
Comme nos chimères saugrenues.

Oui, la bêtise est universelle
Et cède le pas à l'orgueil,
Bien présent dans une sempiternelle
Fuite en avant, vrai écueil.

Seul, l'amour de Dieu ne connaît
Pas de fin, et garde vivante
Notre foi ardente,
Qui toujours renaît.

Voila le seul bonheur,
Qui jamais ne s'achève,
Plutôt que la course aux honneurs,
Qui en vérité est toujours brève.

Premier de cordée

A Lyon, le 10 juillet 2012

Encore premier de cordée,
Son nom reste accordé
A la première équipe
De brancardiers, que rien ne grippe.

Monsieur Dominique de Saint Seine,
Restera aux yeux de beaucoup,
Un chef à la mine sereine,
Toujours prêt malgré les contrecoups.

Sa simplicité angélique,
N'avait d'égale que sa tenue
Partout bien mise, sans air convenu
Mais élégante, quoique pratique.

Quand vous le croisiez courant à Lourdes,
Un large sourire éclairait
Ses paupières parfois lourdes,
Des soucis qu'il endurait.

De son lointain Périgord vert,
Le suivaient immanquablement,
Des chaudes couvertures pour l'hiver,
Confectionnées par sa vieille maman.

Ainsi, personne n'était oublié,
Des malades aux jeunes engagés,
A qui il donnait de son temps, sans rogner
Sur sa bonté coutumière partagée.

Alors, d'année en année,
L'amitié se forgeait tranquille,
Avec cet être fragile,
Mais tout à Dieu abandonné.

Aujourd'hui, il repose
En sa terre natale,
Bienheureux du devoir accompli, banal
Et pourtant riche en de multiples choses.

Il laisse à chacun des siens, l'exemple
D'un homme plein de bonne volonté
Au noble cœur, que le Seigneur Jésus contemple,
Et qui fait de ceux qui l'ont connu, la fierté.

Rangés des voitures…

A Lyon, le 11 juillet 2012

Tout me revient sans s'annoncer,
Quand les souvenirs s'invitent,
Surgis d'un lointain passé,
Que la brume du temps abrite.

Chaque semaine au garage,
Près du café de Denise,
La famille Lombard révise
Beaucoup d'autos hors d'usage.

Un ballon à hydrogène
Miniature, flottait devant
Le petit bureau, auquel j'accédais avec peine,
Par un escalier hasardeux pour les survivants.

J'aimais l'atmosphère de ce lieu,
Où se réglaient les comptes,
Des clients capricieux,
Et de ceux qui versaient un acompte.

En toilette soignée,
La maîtresse des lieux,
Faisait gémir sa calculatrice sous mes yeux,
Avec son fameux chiffre quatre si singulier.

Entre-temps, Gérard passait
Le plus clair de ses journées,
Au creux de la fosse, qui graissait,
Son grand bleu de travail acharné.

Mais l'amour transpirait de ce couple,
Amoureux de l'ouvrage bien fait,
Qui rend l'existence plus souple,
Sans aucun bonheur contrefait.

Depuis, les portes se sont fermées,
Victimes de la rentabilité,
Qui s'échine toujours à dégommer,
Les liens que tisse la société.

Le fameux savoir-vivre ensemble,
S'apprend aussi bien à l'école,
Que dans nos vieux quartiers, qui tremblent
Face à l'entraide qui s'étiole.

Souffrir avec élégance…

A Flavigny, le 15 juillet 2012

Souffrir avec élégance,
Voila le maître mot,
Qui peut dompter dès l'enfance,
Les petits ou grands maux.

Comme un animal sauvage,
La douleur vous prend par surprise,
Vous arrache un cri de rage,
Et vous retient sous son emprise.

Mais ce félin fréquemment sournois,
Trouvera son maître,
Si l'on prend sur soi,
La révolte de tout notre être.

L'homme n'est pas fait pour survivre,
Mais bien pour apprivoiser la création,
Dans le but d'apprendre à vivre,
Debout sur ses deux pieds, sans
compromissions.

En toutes circonstances,
Il doit se montrer digne,
De la juste confiance,
Du Créateur insigne.

Le mérite de la peine,
Se trouve là dans l'offrande,
Joyeuse et souveraine,
De celui qui s'amende.

Alors, ce joyau d'épreuves
Portera des fruits de concorde,
Pour lui et ceux qui s'abreuvent,
Au suc de la Miséricorde.

Domestiquée et polie,
La souffrance s'invite,
Parfois un peu ramollie,
Mais encore trop vite.

Faisons d'elle une amie,
Souvent présente et fidèle,
Qui nous prend sous son aile,
Sans aucun compromis.

En Gordini

A Flavigny, le 16 juillet 2012

Au volant de sa Renault Gordini,
Arlette file sur les ponts ou les avenues de Lyon,
Au hasard d'une course rue De Lattre de Tassigny,
Rapide comme un vrai tourbillon.

Ses deux filles l'attendent,
Pour déjeuner rue d'Abondance,
L'appétit aiguisé, gourmandes
De la bonne pitance.

Les steaks hachés façon Arlette,
Restent bien au chaud à mijoter,
Dans ma mémoire imparfaite,
Quand mon esprit tend à cogiter.

Dans ce modeste appartement lyonnais,
Que de belles soirées passées,
Au feu de l'amitié que l'on reconnaît,
Par l'intimité endossée.

Les parents discutaient à table,
Tandis que Sandra et Jérôme,
Jouaient avec le hamster impayable,
Galopant sur sa roue polychrome.

A quand Anthon et le pépé Jules,
Grand-père discret et bricoleur,
Que l'on envahit au temps des pulls,
Ou des interminables chaleurs ?

Cette petite maison de campagne,
Blottie près de son pigeonnier,
Ressemble à un château de cocagne
Miniature, ensoleillé.

Vaste terrain de jeux assuré,
Pour les cinq marmots que nous étions,
Plein de cachettes et d'émotions,
Offertes sous le ciel azuré.

Mes deux sœurs et moi, gouttions
Ce bonheur simple et tranquille,
Chaque fois que nous allions
Chez ces amis, loin de la ville.

Merci pour ces beaux dimanches,
En compagnie exquise,
Qui prennent leur revanche,
Sur la semaine grise.

Blond comme les blés

A Flavigny, le 17 juillet 2012

10 h

Surgi de sa Gironde natale, Vianney
Brancardait les nombreux malades
Du sanctuaire, où il les accompagnait
A Sain Frai, dans la rigolade.

Avec son maillot de marin,
Il semblait tout droit venu,
D'une comptine au refrain
Léger, de tous reconnu.

Fumant l'une de ses cigarettes
Quotidiennes, entre deux services
Nous entamions un brin de causette,
Sur la vie et ses brusques caprices.

Chemin faisant, l'amitié prit le quart
Et la saine confiance se forgea,
Pour remiser à l'écart,
Tout faux-semblant, mort déjà.

Après des études en hôtellerie,
Le jeune et courageux bordelais,
Souhaitait quitter cette coterie,
Sous l'œil de Notre Dame de Verdelais.

Son lourd sac à dos sur l'épaule,
Voici qu'il arrive
Chez moi, sur les rives
De la capitale des Gaulles.

Alors, il s'attacha, mûri,
A réussir une formation,
Pour entrer dans la gendarmerie,
Et s'acquitter d'autres fonctions.

Eloigné de l'élue de son cœur,
Le temps lui parut parfois bien long,
A me supporter au quotidien, râleur,
Armé de sa gentillesse, bon garçon.

J'appréciais ces moments partagés,
Aux cotés de ce fin cuisinier,
Qui des fourneaux m'a dégagé,
Pour le plaisir de mon gosier.

Au bout du quai, la réussite
Etait au rendez-vous,
Dieu merci je l'avoue,
Couronnant sa vie de trappiste.

Le beau mariage qui s'annonce,
Sera le vrai bouquet de joie,
D'un futur qui flamboie,
Et jamais ne renonce.

L'Afrique des non-dits

A Flavigny, le 17 juillet 2012

21 h

On ne raconte de l'Afrique,
Que ses déboires et misères,
Tandis qu'elle est beaucoup plus prolifique,
Que ses cruelles famines et ses guerres.

Ce continent est déjà
L'avenir proche du monde,
Par ses générations toujours si fécondes,
Et les richesses dont elle regorgea.

Pourtant, son plus intime trésor,
Demeure son esprit religieux,
Car, de quelque façon qu'il L'adore,
Chacun croit en un Créateur : Dieu.

Alors, tout parait plus clair,
Quand l'on se sait compris,
De l'enfant au grand-père,
Qui tous, au fil des jours prient.

Bien sûr, les fanatiques tuent
Sans aucune délicatesse,
Comme chez nous l'eugénisme déguisé
d'une folie têtue,
Ennemie de l'enfance, de la maladie et de la
vieillesse.

Au lieu de nous cacher derrière
De belles pensées assassines,
Regardons les africains, nos chers frères
Confiants en la Providence Divine.

Ils ont la générosité,
De ceux qui n'ont rien ou presque,
Donnant tout avec bonté,
Que l'on soit blanc ou barbaresque.

La jeune Afrique,
Grouille de talents,
Et s'éveille ainsi à pas lents,
Avant de nous donner la réplique.

Nous montrerons-nous à la hauteur,
Ou devenus médiocres,
Tomberons-nous dans cette torpeur,
Des frileux dinosaures ?

Un vrai Triomphe !

A Lyon, le 25 juillet 2012

Sur la route du Triomphe,
Nous roulions le cœur joyeux,
Dans l'habitacle en surchauffe,
Où nous gazouillions l'air radieux.

Les kilomètres défilent,
Et les heures s'effilent,
Déroulant le noir asphalte,
En costume cravate.

Ce soir, s'annoncent les défilés,
Des trois promotions de cyrards,
Et des autres corps affiliés,
Qui nous mèneront dans la nuit, tard.

Mais quel bonheur d'honorer
Par notre présence amicale,
Ces jeunes aventuriers,
Emplis de fougue et d'idéal.

Se donner pour la France,
Voila leur seul panache,
Dans la paix ou bien la souffrance,
D'un pays auquel l'on s'attache.

Les plumes rouges et blanches,
De leur fameux casoar,
Ne sacrifient rien au hasard,
Des tourmentes ou avalanches.

La vie d'un officier de carrière,
Ne se résume pas aux galas,
Ni à protéger ses arrières,
Mais à regarder au-delà.

Elever les autres
Par sa propre ascension,
Est la noble mission,
De ces soldats bons apôtres.

Montjoie, Saint Denis !
Stèle dressée dans la mémoire collective,
Les garde de succomber au feu du déni,
Et des invectives.

Alors, le cœur enhardi
Ils marcheront droit devant,
Pour rejoindre en paradis,
Leurs aînés fauchés dans le vent.

Les grandes vacances

A Lyon, le 26 juillet 2012

Sainte Anne

Elles nous entrainent sur des chemins
De traverse, loin de la ville,
Là, où les ennuis nous laissent tranquilles,
En attendant d'autres matins.

A pied, à cheval ou en voiture,
On gagne d'autres horizons,
Promesses de belles aventures,
Que l'on recueille à foison.

L'esprit musarde par-delà les nuages,
Et part butiner les mille fleurs,
Des beaux étés offerts aux enfants sages,
Comme aux deux bons vieux pleins
d'ardeur.

Les vacances promises resteront studieuses,
Ou légères au gré du vent,
Auprès d'une grande Chartreuse,
Et parfois aux aguets sur le gaillard'avant.

Trop souvent, ce précieux temps donné
Est perdu pour les autres,
Dans un égoïsme effréné,
Qui ne reste que nôtre.

Pourtant, le don de soi
Agit, telle une fenêtre ouverte
Par laquelle au lointain, on aperçoit
La charité concrète.

Un sourire gracieux à bon escient,
Illumine les grands cœurs blessés,
Et jamais ne devient humiliant,
Pour celui à qui il est adressé.

Dispensons chaque jour,
Ce modeste présent,
A ceux que nous saluons d'un bonjour,
Pour apaiser leurs soucis trop présents.

Ainsi, nos congés
Porteront du fruit,
Et tous ces souvenirs fortuits,
Seront pour l'année prolongés.

Aquarelle animée

A Saint Cyprien, 31 juillet 2012

Deux voiles blanches au loin,
Jouent à cache-cache,
Avec les moutons salins,
Que la mer cravache.

Les eaux vertes amères,
Portent sur leurs dos bohêmes,
Les voiliers pas peu fiers
De voguer, bonheur suprême.

Sur la berge, le pin timonier
Déploie ses larges ramures,
Avec franche amitié,
Pour les oiseaux amants de l'azur.

Fatigués de leurs bien folles étreintes,
Ils reviennent alanguis,
Sans émettre une plainte,
De retour de la lointaine Bangui.

Leurs ramages fleurent bon l'Afrique,
Continent au combien atypique,
Qui sut conquérir mon cœur
Vagabond, souvent farceur.

Emmène-moi dans tes bagages,
Oiseau marin,
En un quatrain,
Qui s'émancipe du verbiage.

L'art poétique vaut
Agence de voyages,
Pour qui sait écrire à vau-
L'eau, et chevaucher les nuages.

De coques de noix en paquebots,
Les golfes clairs défilent,
Heureux de porter beau,
Devant les touristes trop faciles.

Mais dès l'automne ingénu,
Ils voisineront, belle chose,
Avec les flamands roses,
Pour un temps revenus.

Alors, les roseaux rouillés
Miroiteront dans les étangs,
Près des cabanes mouillées,
Immuables au fil du temps.

Le cheminot

A Cormorand, le 8 août 2012

Aux commandes de sa machine,
Le jeune cheminot sourit,
Heureux de piloter celle qui s'achemine
Sur la voie de garage, comme un pari.

Les chemins de fer français,
Sont héritiers malgré eux,
D'une longue saga d'aventureux
Pionniers du rail, fort d'avenir qui sait.

De Louis-Philippe
A l'actuelle cinquième république,
Ils ont pour principe
De rester à la pointe de la technique.

Cette grande famille
Du personnel roulant,
Ne souffre plus des lointaines escarbilles,
Mais de l'indifférence des nonchalants.

Pourtant, ils vivent leur métier
Le plus souvent comme une vocation,
A laquelle on se donne tout entier,
Plein d'ardeur et d'application.

De viaducs en passages à niveaux,
Les paysages champêtres ou urbains,
Impriment des souvenirs toujours nouveaux,
Au fond de leurs pupilles de bambins.

Entre eux, ils se soutiennent
Face aux grands défis de demain,
Et aux pesanteurs anciennes,
A balayer d'un revers de main.

Ils puiseront à coup sûr
Dans leurs nobles traditions,
La force d'âme qui rassure
Pour perpétuer leurs missions.

Gens laborieux, passeurs du temps et de
l'espace,
Nous leur confions nos vies,
Conscients de leur audace
Et de cette maitrise, que beaucoup envient.

Le train reste encore aujourd'hui,
Le moyen de transport le plus fiable,
Que l'on emprunte de jour comme de nuit,
Avaleur de kilomètres ineffable.

Armand d'un jour et de toujours

A Cormorand, le 9 août 2012

Petit Armand, tu as pointé le bout de ton nez
Par un lumineux jour d'été,
A la plus grande joie de tes ainés,
Qui espéraient tous te fêter.

Soudain, en ce neuf août
Où nous honorons Saint Amour,
Tu rejoignis sans aucun doute,
Celui qui n'est qu'Amour.

Alors, tes chers parents
Garderont de ton jeune visage,
Le souvenir des années durant,
De ce bébé trop sage.

Tu reçus la vie
Comme un don gratuit,
Aussitôt ravi,
Dans un douloureux « oui ».

Ce mystère des Saints Innocents,
Nous invite à poursuivre
Le chemin ici-bas, sans
Ces belles âmes qui vont nous suivre.

Par-delà le temps et l'espace,
Elles vivront à nos côtés,
Jusqu'au jour de l'ultime face à Face,
Au seuil de notre propre Eternité…

Le service de l'eau

A Lourdes, le 16 août 2012

Les mains appuyées sur son bidon d'eau,
Le garçon avance
En courbant le dos,
Avec détermination et vaillance.

Etre au service des pèlerins
Malades, voici la grande affaire
Qui le rend plein d'entrain,
Sûr de vouloir bien faire.

La tache semble minime,
Humble maillon d'une plus vaste chaine,
Et pourtant essentielle aux infirmes,
Quand la chaleur se déchaine.

Le soleil de Lourdes
Précède les petites cohortes,
Des enfants porteurs de fraiches gourdes,
Joyeuses escortes.

En plus du produit de la source,
Ils nous inondent de sourires,
Malgré leurs périlleuses courses
Entre les brancards, pour servir.

Alors, les visages s'illuminent,
Retrouvant figure humaine,
Au cœur de la souffrance qui mine
Les corps, que la douleur gangrène.

Comment les remercier,
Ces jeunes pages discrets et dévoués,
Qui sans se l'avouer,
Prodiguent à tous des bienfaits appréciés ?

Le Bon Dieu les leur rendra,
Par une vie claire et donnée,
Dans l'apostolat inné,
Que chacun d'eux approfondira…

Retour à Montplaisir

A Montplaisir, le 18 août 2012

A Montplaisir je suis revenu,
Un peu moins sûr de moi,
Après quinze ans dans l'inconnu,
Mais le cœur plein d'émoi.

Juste au sortir de Lourdes,
Tous les souvenirs refont surface,
Heureux de s'échapper de la ronde,
D'une mémoire fugace.

Après cette bonne nuit,
Dans la maison des aïeux,
Une subtile odeur de suie
Revient chatouiller mon nez joyeux.

Les beaux visages défilent
Devant mes yeux grands ouverts,
Comme bobine de fil
Qui se débine par terre.

Alors, il faut raccorder
Ses pensées, et regarder
En avant, le cœur plein d'avenir,
Sûr de voir ses forces revenir.

Le maitre des lieux parti pour un long
voyage,
Nous lance un clin d'œil,
Du haut d'un blanc nuage,
Quand l'on franchit heureux, de sa maison
le seuil.

Il veille en Bon-Papa
Sur sa nombreuse famille,
Qui sans cesse, en tous sens fourmille,
Prête à lui emboiter le pas.

Son précieux exemple de courage
Forgera les jeunes esprits,
Pour avancer malgré l'orage
De la vie, mus par le Saint Esprit.

Une lettre anonyme pour le Roi

A Cormorand, le 20 août 2012

Une lettre anonyme
Pour le roi du rire français,
Prince de la pantomime
Qui eut d'innombrables succès.

Louis De Funès, le grand,
Demeure dans la mémoire collective
De notre pays charmant,
Le chantre de la farce récréative.

Tout au long de ses incontournables films,
Que l'on repasse sur le petit écran
Chaque année, l'été durant,
L'humour bon enfant nous ranime.

Du vieux papa au tout petit,
Chacun connait par cœur l'histoire,
Mais redécouvre avec appétit,
Les scènes de rigolades notoires.

De « Pouic-Pouic » avec Jacqueline Mailland
A « Hibernatus », l'ancêtre détrempé,
En passant par « Les gendarmes à Saint
Tropez »,
Son registre d'acteur comique fut brillant.

Près de trente ans après sa mort,
L'esprit de ce célèbre virtuose
De la bouffonnerie, rode encore
Sans pourtant provoquer l'overdose.

La vulgarité ne trouva jamais
Une place, dans le vertigineux répertoire
De ce vrai Monsieur, que beaucoup aimaient
Pour ses rôles expressifs, dénués d'humour
noir.

Puisse ce singulier hommage,
Vous faire sourire de là-haut,
Où le Bon Dieu sur Son nuage,
S'amuse de vos trémolos…

L'O.C.H.

A Raphaëlle

Cormorand, le 21 août 2012

Faire tomber les murs,
Voilà un beau programme,
Pour qui se sent bâtisseur au coeur de l'âme,
Dans le but d'édifier un monde moins dur.

Le handicap est source de joie,
Envers ceux qui confiants, l'appréhendent
Par l'offrande de la différence, dans la foi
Au Christ Douloureux que notre monde
vilipende.

Bien sûr, le quotidien est souvent lourd à
porter,
En notre âpre société,
Qui se refuse tout effort,
Et au fond sacrifie les plus faibles aux plus
forts.

Mais bien des hommes de bonne volonté,
Surgissent de partout,
Quand personne ne les attend surtout,
Veilleurs d'éternité.

L'Office Chrétien,
Des personnes Handicapées,
Ne manquerait cet appel pour rien
Au monde, porté par l'agapë.

A travers ses réflexions
Sur la souffrance psychique,
Il mène des actions
Pleines de sens pratique.

Chacun de ceux qui lui rendent visite,
A Lourdes ou Paris,
Se laissent rejoindre, tel un pari
Sur la peur qui hésite.

Les bénévoles nous accueillent,
Brandissant leur beau sourire pour seule arme,
Evitant le triste écueil,
De la fausse pitié qui ne porte qu'aux larmes.

Seules la disponibilité
Et l'humble écoute spontanée,
Apportent la fraternité,
Fruit d'une paix rassérénée.

Le handicap ne se nourrit pas
De mots, mais d'attitudes concrètes,
Qui permettent d'amener pas à pas,
L'Homme vers sa croissance complète.

Marie-Clémence

Cormorand, le 22 août 2012

18 h

La voici déjà mariée,
Cette jeune fille aux yeux clairs,
Qui nous a depuis belle lurette égayés,
Avec ses rêves de beau ténébreux solitaire.

L'enfance se déroula bien paisible,
Entre maman et papa,
Les petits frères terribles,
Et Etienne que l'on ne touche pas…

Pourtant, en guise de trait d'union
De cette famille nombreuse,
Apparut Jeannette, oisillon
Peu farouche, aventureuse.

Entichée d'une telle sœurette,
Marie-Clémence lui ouvrit la voie,
Chez les bonnes sœurs portant cornettes,
Où l'on parle simplement à mi-voix.

Puis, la Belgique lui tendit les bras, heureuse
D'accueillir une normande demi-sel,
Au grand cœur d'héroïne belle et pieuse,
Qui ne comprend pas grand-chose à la
vaisselle.

Toujours attentionnée auprès des malades,
Mais souvent étourdie comme pas deux,
L'infirmière novice se ballade,
Par monts et par vaux, entre deux pas de deux.

Un séjour dans les Pyrénées sous la neige,
L'entraine de proche en proche
Au large de la Vendée, l'amour en poche,
Séduite aux doux sons d'arpèges.

Rassérénée par Nicolas,
Notre bugiste d'adoption,
Parvient aujourd'hui à sceller l'union,
Entre chouans et gens de ci de là.

Votre bonheur sera le nôtre,
Dans l'harmonie d'un gentil foyer,
Où chacun se respecte l'un l'autre,
Unis par des enfants choyés.

Papi signe son pain

Cormorand, le 22 août 2012

0 h

Papi a l'habitude de signer le pain,
Chaque fois qu'il en sort un nouveau de la
huche,
Sous l'œil vif de Mamie, reine de la ruche,
Qui prudente, veille sur son embonpoint.

Après les grosses miches
Au blé noir de l'enfance,
Semblable à ceux qui ont manqué, peu
riches,
Elle préfère depuis les flûtes blanches.

Pourtant, sa vieille mère
Apportait tout son soin,
A cet ouvrage de naguère,
Pour nourrir ses jeunes poussins.

Notre famille nombreuse
S'élargissait des petits-enfants,
Et de voisines heureuses
De trouver ici des gens confiants.

Toujours, une fois la semaine,
Mémé Philomène ouvrait
Sa rustique table- pétrin sans peine,
Pour séparer le bon grain de l'ivraie.

L'ensemble des filles présentes
Œuvrait à cette grande affaire,
Riant de celle qui plaisante
Et de l'autre qui lave parterre.

Beaucoup disaient, que chez Madame Jaÿr
On aurait pu manger au sol,
Tant la robuste Marthe, faisait reluire
L'antique parquet à cent sols.

Pourtant, les poches étaient souvent vides
Et l'on se satisfaisait de peu,
Se nourrissant d'une soupe limpide
Et d'un dur quignon de pain râpeux.

La coutume voulait que chaque foyer ait son
jour,
Pour embraser le four
Communal du quartier,
Et le précieux levain que l'on se passait
volontiers.

La croix formée sur le pain,
D'un franc revers de couteau,
Evoque la défaite du grappin,
Quand la Providence supplée tantôt…

La fidèle sacristine

A Cormorand, le 23 août 2012

Munie de souliers ou chaussons,
L'alerte sacristine s'évertue
A toujours œuvrer sans façon,
Dans la plus élémentaire vertu.

Depuis des dizaines d'années,
Elle rend d'innombrables services,
Aux prêtres qui célèbrent les offices,
Comme pour les brebis abandonnées.

Matin et soir, elle revient à l'église
Ou à l'humble chapelle,
Prodiguant au Bon Dieu, Présence Réelle,
Une légère brise.

Elle constitue souvent
Sa seule visite quotidienne,
Prisonnier d'Amour, fervent
Consolateur des âmes chrétiennes.

Ce brasier de charité
Brûle sans arrêt, pour tous les hommes,
Cœur agonisant à satiété,
Sauveur du monde en somme.

Très dévouée aux sanctuaires,
Notre Demoiselle, sans cesse
Poursuit sa route été comme hiver,
Passant des baptêmes à la Sainte Messe.

Précieuses petites mains,
Qui prennent grand soin
Du linge d'Autel,
Et des fleurs coupées si belles.

Dans le silence elles agissent,
Aussi vite parties que venues,
Offrant leurs nombreux sacrifices,
Pour le salut des inconnus…

Madame l'Aviron

A Lyon, le 28 août 2012

La mémé Depardon attendait
De voir maman dans son jardin,
Qui tranquille lui accordait
Un brin de causette peu mondain.

Cette grand-mère, paysanne
De notre chemin du moulin Carron,
Possédait des champs, vaste manne
Devenue dote pour jeunes tendrons.

Sa fille unique, Irène,
Lui donna deux petits-enfants,
Gentilles voisines pleines
De rires ébouriffants.

Armés de leur aïeule débonnaire,
Nous trottions, allègre troupe légère,
Par les chemins creux, dégagés de soucis,
Sûrs que nous serions toujours heureux ici.

De bons clafoutis, en framboises
Cueillies au fond du potager,
Coula la vie dardilloise,
A l'ombre d'un vieux verger.

Mais le temps passa, trésor fragile,
Marcel, en vrai père de famille
S'en alla auprès du Bon Dieu, toujours
docile,
Rejoindre sa belle-maman sous la charmille.

Puis, la ville mangea
Ce beau coin champêtre,
Envolé déjà,
Avant que de renaître.

Ma plume ressuscite,
Tandis qu'ils reviennent à mes yeux,
Chacun de ces instants délicieux,
Disparus bien trop vite.

Ainsi va la vie

A Lyon, le 29 août 2012

Les folles contraintes de l'enfance,
S'envolent lorsque l'on grandit,
Trop fier de soi, plein d'arrogance,
Sûr de décrocher le paradis.

Et pourtant, au fil des années
L'on réalise, surpris,
Que tout ne nous est pas donné
Et que l'on a rien compris.

Nos frères et sœurs se marient,
Heureux de se former une nouvelle fratrie,
Que l'on pleure ou que l'on rit,
La vie qui va sans espoir de retour, vous flétrit.

Et c'est alors, que l'on découvre
Que tout n'est pas fini,
Et que bien d'autres portes s'ouvrent,
Sur le bel infini.

Soudain, l'on se devine tout autre,
Que l'image offerte de soi,
Aux antipodes des mauvais apôtres,
Ephémère quand l'on s'en aperçoit.

Déjà, les mains pleines de bonheurs
A partager, on fuit le malheur
Ne songeant qu'à l'été,
Et à ses nuits bleutées.

Alors, les souvenirs enfouis
De la jeunesse désertée,
Nous décident à dire un grand « oui »,
A la femme en secret convoitée.

Joyeux mariage, belle perspective,
Antidote aux mauvaises habitudes,
Fruit concret de l'âme contemplative,
Qui marque une vraie sollicitude.

Les mauvais coucheurs

A Cormorand, le 31 août 2012

2 h

Ils ne sont pas toujours
Ceux auxquels on pense,
Les râleurs d'un jour,
Ou alors sans dispense.

Ils râlent contre le temps,
Ou devant le café qui passe
Trop lentement, grand bien leur fasse,
De l'automne au printemps.

Ils se croient très philosophes,
D'une patience angélique
Face à une catastrophe,
Tandis qu'ils sont tyranniques.

Leur entourage ne peut
Faire autrement que d'acquiescer,
A leurs raisonnements sirupeux
Et leurs mines compassées.

Entrer en conflit ne changera rien,
Alors, il convient de contourner l'obstacle,
De garder un air dégagé, stoïcien,
Sans pour autant attendre un miracle.

Ceux qui les supportent au quotidien,
Finiront par agir comme les anciens,
Persuadés qu'il n'en sera plus ainsi,
Quand ils ne vivront plus à leur merci.

Seule, une grande patience
Gagnera au Bon Dieu les cœurs inquiets,
Et leur fera prendre conscience,
De l'énergie gâchée quand ils bouillaient.

La souillarde

A Cormorand, le 1er septembre 2012

18 h

Dans la souillarde sous l'escalier,
Chez Jean-Maurice on se sustente
A deux pas du vieux manguier,
Et des variétés de plantes.

Gabrielle s'affaire sans compter
Son temps et sa fatigue,
Et nous fait déguster
Ses bons plats, parmi lesquels on navigue.

Un nouvel hôte n'est pas un souci,
Mais plutôt une vraie joie partagée
Autour des gros poissons d'ici,
Ou du steak frites étranger.

L'essentiel, tient dans l'amitié
Que l'on voue, aux quelques personnes
Familières des lieux, où résonnent
Les louanges de Dieu psalmodiées.

Midi et soir, les repas
Débutent par l'Angélus,
Su par cœur ou pas,
Sans en dire plus.

De conversations sérieuses
En potins mondains espiègles,
Vient une pensée délicieuse
Qui s'abat plus vite qu'un aigle.

La sieste s'impose soudain
Devant les yeux mi-clos,
Du maître des lieux si badin,
Par le sommeil enclos.

Alors, chacun en ses quartiers
S'endort dans les bras de Morphée,
Bercé par les bruits de vaisselle, étouffés
Au creux du grand soleil d'Afrique irradié.

Sous le griottier

A Cormorand, le 1er septembre 2012

1 h

Depuis quelques années,
Elle dort sous le griottier,
Celle qui, le museau altier,
Se plaisait à badiner.

Avec le fruit de sa progéniture,
Calinou, ce bon pacha,
Chlorophylle sous les vertes ramées,
S'amusait à chien et chat.

Caprice, subtile braque française,
Se laissait souvent prendre au jeu
Des félins de la maison, qui à leur aise
Passaient sous son nez, l'air courageux.

Elle savait les esquiver,
Quand, d'un brusque bond elle quittait
La terrasse, pour achever
Sa course au pied de la futaie.

Ici, elle trouvait quelque fraicheur
Aux longs jours ensoleillés,
Loin du bruit et des marmots rabâcheurs
Qui l'ont souvent effrayée.

L'herbe tendre l'invite
A s'allonger de tout son long,
Moments exquis où l'on profite
De ce fort beau vallon.

Ce soir, il faudra revenir à la niche,
Où son maître l'entraine,
Enfermée la semaine
Dans le chenil dont tout le monde se fiche.

Samedi prochain, elle profitera
D'un mince filet de liberté,
A travers les étangs où papa ira
Promener son fusil indompté…

L'écrivain public

A Lyon, le 4 septembre 2012

Au creux du méandre des tranchées,
Il rédigeait le courrier des cœurs
De tous ceux qui sans s'en cacher,
Lui dictaient leurs lettres par cœur.

Ecrivain public,
Il l'était devenu
En pleine panique,
Dans la déconvenue.

La guerre les avait jetés là,
Ouvriers et bourgeois,
Sans mettre le holà
Aux distinctions entre villageois.

D'aucuns ne savaient ni lire
Ni écrire, aussi bien depuis l'école
Qu'au milieu des champs de tir,
Où les illusions les plus pures s'envolent.

Pourtant, Pierre les retenait au sol
Par sa plume mélancolique,
Qui bien souvent, dans un élan décolle
Vers les chimères oniriques.

Comment stopper ce conflit,
Qui aboutira en somme,
A semer la chienlit
Entre les pauvres hommes ?

Les corps défigurés
Ne sont pas toujours les plus meurtris,
Tandis que les âmes chavirées
Souffrent, déjà flétries.

Le silence assourdissant
Dont elles font montre,
A nous tous démontre
Leurs maux terribles, grandissants.

Mais elles préfèrent se taire,
Face à leurs frères d'armes,
Déchirés à même leur chair,
D'où ne coulent plus de larmes…

Droit devant

A Lyon, le 6 septembre 2012

J'avance dans la vie sans façon,
Comme le jeune garçon
Que j'étais, le regard droit devant
A l'assaut des mauvais vents.

Le courage de mes aînés,
Comme de ceux qui me sont chers,
A en moi su parfaire,
Un vrai passionné.

J'aime Dieu et les personnes
Qu'il met sur ma route,
Sentinelles de mes jours, qui sonnent
Le rappel si je suis en déroute.

Se donner, c'est s'abandonner
A la très douce volonté,
De Celui qui, par delà les années
Nous émonde de toute vanité.

On se dépouille sans le savoir,
Au fil des épreuves surmontées,
Le long des chemins du bon vouloir
Et de la belle fraternité.

La bonne odeur du bien
Exhale ses fragrances,
Subtiles au combien,
Harmonieux bain de jouvence.

Grand merci aux beautés de l'existence,
Qui nous éveillent à d'autres horizons,
Où se forge la véritable conscience,
D'une humanité au diapason.

Le Créateur, au cœur de l'humain
Insuffle Son Esprit Saint,
Germe du bonheur qui gomme
Le temps qui passe, assassin.

Sous une brassée d'étoiles

A Cormorand, le 8 septembre 2012

23 h

Confortablement assis sous les étoiles,
Je m'éclaire à la chandelle
Sûr de voir se lever le voile
Qui préserve l'immuable ritournelle.

Ces myriades de diadèmes
Eclairent sans fin la douce nuit d'été,
Crépuscule du jour même,
Où naquit la Vierge, unique beauté.

Combien sont-ils encore
A admirer les cieux,
Plus troublants que tous les trésors
Humains, aux parfums périlleux ?

La voûte étoilée nous gratifie
De splendeurs inégalées,
Que le Bon Dieu vivifie,
Sous le clair manteau de l'Immaculée.

Comment ne pas s'interroger,
Face à ces réalités
Qui viennent toujours déranger,
Nos certitudes limitées ?

Une telle profusion de lumières
Ne peut visiblement pas être le fruit du hasard,
Mais plutôt la manne coutumière
De Celui qui a pour Ses créatures tant d'égards.

Sa délicatesse rejaillit
Sur toutes Ses œuvres,
Dont la grande bonté à pied d'œuvre
N'a jamais faillie.

D'âge en âge, les saisons
Viennent rythmer le temps,
Et comblent à foison
Nos cœurs douloureux de vingt ans.

Enfants gâtés nous le sommes,
Malgré nos tristes manquements,
Dont la très rondelette somme,
Devrait nous changer prestement.

Alors, en fils prodigues
Tournons nous auprès du Père,
Pleins de joies, sans fatigue,
Heureux, l'âme printanière….

Les cerfs-volants

A Lyon, le 11 septembre 2012

« Les cerfs-volants » ont bercé mon adolescence,
Lorsque je m'éveillais à la vie,
Empli d'une douce insouciance,
Tremblant devant l'inconnu, mais souvent ravi.

Ce roman d'Emile Ajar,
Ou de Romain Gary
Selon l'humeur de l'auteur aguerri,
Me tenait en haleine le soir tard.

Sa plume m'a tout de suite conquis,
Par son verbe trépident
Et le sens du détail, tel un croquis
Qui nous plonge au-dedans.

L'écrivain notoire hors normes,
Reçut deux fois le prix Goncourt,
Après un subterfuge énorme,
Qui prit tout ce beau monde de court.

Pilote de la France libre,
Il se comporta en héros,
Malgré l'inévitable déséquilibre
De son existence, qui lui pesait trop.

Après une brève carrière
De diplomate, il revint
A la littérature, première
Conquête dont il se souvint.

Il fit de son appétence
Une quête d'absolu,
Du monde de l'enfance
A ses soixante-six ans révolus.

Souvent décriée par la critique,
Son œuvre demeure appréciée
Par un large et franc public,
Gourmand de son talent déprécié.

L'institut de France

A Lyon, le 13 septembre 2012

Sur le vieux pont des Arts,
On se promène, heureux
De découvrir au hazard,
L'Institut prestigieux.

En ce lieu se concentre
L'élégance française,
Auréolée en son centre
D'immortels, à Dieu ne plaise.

Les diverses académies
Forment un prodigieux savoir,
Où chacun de leurs membres, en amis
Partagent découvertes et histoires.

De Richelieu à notre cinquième
République, c'est la même veine
Qui irrigue les énièmes
Membres, à la joie sereine.

Ils sont élus par leurs pairs,
Aux fauteuils laissés vacants
Par leurs prédécesseurs en un éclair,
Quelques fois au bout d'à peine un an.

Cet honneur marque la reconnaissance,
De multiples services rendus
A la noblesse de la bienséance,
Ou à des savoir-faire perdus.

L'ensemble du génie français
Se retrouve encore là, assis
Sur des sièges où chacun sait
Œuvrer, afin que tout soit réussi.

Rien n'est jamais inutile
En terme de connaissance,
Pourvu que l'on sache bien mêler l'utile
A l'agréable, sans l'ombre de suffisance.

Voilà l'esprit du fondateur,
Principal ministre du roi Louis XIII,
Qui ne cherchait que la grandeur
Du Royaume, en une belle synthèse.

La Marie-Louise

A Lyon, le 18 septembre 2012

De la gouache au pinceau,
Je trébuche sans sourciller,
D'un beau groseillier
A l'humble ruisseau.

La palette des couleurs
S'élargit, au fil de l'inspiration
Qui me manquait tout à l'heure,
L'esprit dénué d'imagination.

Et soudain, par petites touches
Les formes prennent corps,
Donnant couches sur couches,
Vie à la fantaisie encore.

Les tendres pastels s'étalent
Comme la vague lascive,
Qui vient lécher, ô quel régal,
Les doigts de pieds, grande lessive.

Un peu de blanc éclaircit
Les tonalités, pour souligner
La douceur des lieux par ci
Par là, loin du monde résigné.

Une fenêtre discrète
S'ouvre sur l'horizon,
Promesse de découvertes,
Brassées de joies, osons !

Une simple Marie-Louise,
Rehaussera la profondeur
De la toile aux nuances exquises,
Où l'on aime plonger avec ardeur.

L'œil neuf du peintre esquisse
L'état d'âme des passants,
Qui sans préavis frémissent
Devant l'effet ravissant.

Jumelage à Merzhausen

A Lyon, le 19 septembre 2012

A Merzhausen, je débarquais
Tout jeunot et fiévreux,
Pour répéter comme un perroquet
Quelques mots sulfureux.

De « essen » à « drinken » ânonnés,
J'étais sûr de personnifier
Avant le nombre des années,
Un germanophile qualifié.

Et pourtant, ma première rencontre
Avec l'ennemi d'hier,
N'alla en rien à l'encontre
De notre histoire singulière.

En mille-neuf-cent-quatre-vingt-deux,
Ce vaste pays amputé
Dès la fin d'un conflit hideux,
Demeurait meurtri et dépité.

Hubert, le chaleureux grand-père
Survivant des camps soviétiques,
Ne disait rien des souffrances de la guerre,
Faute de mots devant son âme pudique.

Là, je découvrais en me couchant émerveillé,
L'attrait des nouvelles couettes,
Qui supplanteraient nos édredons
dépenaillés,
Et rendraient nos nuits plus douillettes.

La cuisine à son tour m'étonna,
Composée de charcuterie fumée,
De soupes aux crêpes à consommer
Dès qu'Hilda, aux fourneaux les mitonna.

Mais le clou du voyage
Me garda en haleine,
Quand l'harmonie composée de gens de
tous âges,
Joua pleine d'aisance, de belles rengaines.

Monika et Klaus, encore tout frais mariés,
Nous apportèrent leur obole
En heureux mélomanes, aux mélodies
variées
Propices à la gaudriole.

Depuis à peu près trente ans,
Une vraie affection se tisse
Entre personnes de bonne volonté, qui
rebâtissent
La concorde entre deux peuples au passé
déroutant.

Mamie m'avait souvent dit,
Que les jeunes d'aujourd'hui
Ne sont pas responsables des actes maudits,
Commis par les générations enfouies.

Ils n'en gardent le triste souvenir,
Que pour s'éduquer mutuellement
A la paix, qui ne manquera pas d'advenir
Par la grâce de Dieu, providentiellement.

Dans l'enfer des mines

A Cormorand, le 22 septembre 2012

Quelles soient de charbon ou de sel,
De diamants, de cuivre ou de nickel,
Les conditions des pauvres mineurs
Sont déplorables, ici ou ailleurs.

Depuis l'Afrique du sud
A l'Amérique latine,
Sous toutes les latitudes
C'est l'Homme que l'on lamine.

La vieille Europe a connue
Ces affreux coups de grisou,
Fauchant nombre d'inconnus,
Drame auquel nul ne se résout.

Hier, tout comme aujourd'hui,
Ce sont des intérêts financiers
Aux multiples effets induits,
Que couvrent les nouveaux négriers.

Est-ce la vraie jeunesse,
Enrôlée tels des forçats,
Que la misère poussa
A endurer tout ça ?

Prostitution et esclavagisme
Représentent les fruits amers,
De l'aveugle productivisme
Qui sans frein vendrait père et mère.

Les filles et les garçons se noient
Dans l'anonymat d'une fange humaine,
Bien loin de l'esprit de Saint Benoit,
Qui n'est que don de soi et paix souveraine.

Que dire du massacre écologique
Qui suit toujours l'avilissement humain,
Comme une fièvre pandémique
Engendre la mort sans lendemains ?

Le seul profit, d'une poignée
D'investisseurs sans nom ni visage,
Ne justifie pas cette rage
A mépriser les déguenillés.

Suscitons les activités
Manuelles à forte valeur ajoutée,
Qui permettent au plus grand nombre
De vivre debout, et non plus comme des
ombres.

Plaçons enfin Dieu au cœur de nos vies,
Lui qui nous a envoyé sans détour Son Fils,
Pour servir et non pas être servi,
Rempart contre l'humiliation et les sévices.

Sous l'orage

A Lyon, le 25 septembre 2012

Sous l'orage, je me réfugie
A l'abri du grand saule pleureur,
Pour mieux admirer la magie
Qui se déploie dans la chaleur.

La nature se déchaîne
Entre deux soleils d'été,
Quand les nuages de traîne
Finissent par éclater.

La bourrasque emporte tout
Sur son passage accablant,
Ebouriffant les vieux matous
Qui s'affolent anxieux, en miaulant.

Les jeunes feuilles regorgent de sève,
Et refusent de céder à la violence
Des éléments naturels, qui soulèvent
Les cimes des arbres avec véhémence.

La fin du monde semble proche,
Et les tumultueux éclairs
Embrasent le ciel, qui décoche
Un beau sourire débonnaire.

Les frêles gouttes commencent à tomber,
D'abord très fines et chaudes,
Puis épaisses dans l'atmosphère plombée,
Parfumée de reines-claudes.

Cette douche improvisée,
Lave les mauvaises humeurs
Des apprentis marcheurs,
Par la météo désabusés.

Détrempés des pieds à la tête,
Ils tremblent transis jusqu'aux os,
Surpris par la folle tempête,
Comme de grosses poules d'eau.

J'aime ces aléas,
Qui nous disent combien
La vie nous porte, là
Où elle le veut bien.

Heureusement, nous ne sommes ni maîtres
Du temps, ni de la Création,
Tandis que nous pensons tous être
Eternels, pauvres tartempions.

Les petites gens

A Lyon, le 26 septembre 2012

Ils ne font surtout pas de bruit,
La foule ne les voit pas,
Pareils aux chats dans la nuit,
Qui s'avancent à petits pas.

Leur bonheur n'est pas dans le paraître,
Mais plutôt au service
Des autres, à chercher leur bien-être,
Ouverts aux sacrifices.

L'existence passe tranquille,
Dénuée de l'appât du gain,
Quelquefois un peu trop fragile,
Comme un tableau de Gauguin.

Rien ne les perturbe jamais vraiment,
Eux sur qui veille la Providence,
Dans les coups durs et à tout moment,
Modèles de vertu et de patience.

Les jours gris restent laborieux
Et les semaines semblables aux autres,
A l'usine ou plus studieux,
Le travail s'égraine en patenôtre.

A l'exemple de Saint Joseph,
Les doux et humbles paroissiens
N'hésiteront pas, sans porter grief,
A rayonner leur foi des jours anciens.

Sans ostentation aucune,
Ils garderont le frais visage,
De ceux qui ne font pas fortune,
Sans en retirer ombrage.

Les petites gens n'ont pas d'entregent,
Mais cultivent l'amitié vraie,
Qui n'a rien de désobligeant
Pour les grincheux qui les jalouseraient.

Rayon de soleil sur ma jeunesse

A Cormorand, le 29 septembre 2012

Après toutes ces années encloses,
Entre le handicap et les regards acerbes,
Cette rencontre avec le grand Charles, gerbe
De joie, sonna ma métamorphose.

Ce vieux monsieur charmant,
Qui avait tout connu de son temps,
Devint en un moment
De ma courte vie, le fou chantant.

Sans les questions inutiles,
Il fit siennes mes souffrances,
Comme se firent miennes ses subtiles
Leçons de bonheur, frais bain de jouvence.

D'une amitié épistolaire,
Naquirent des rencontres fortuites,
Dans une belle complicité familière,
Que les épreuves confirmèrent par la suite.

Pourtant, ce n'était qu'une photographie
De sa maman, qui m'entraîna étudiant,
Sur les chemins de sa propre philosophie,
Que l'on peut étudier sans peine, en riant.

Le bonheur est souvent dans le pré,
De Nogent-sur-Marne à Narbonne,
En passant par Aix-en-Provence, pour
savourer
Les vins fleuris du pays, auxquels l'on
s'abandonne.

De traits d'esprit lumineux qui fusent,
En jeux de mots estampillés,
La poésie ne se refuse
Pas à ceux qui aiment versifier.

Vie et mort ne font plus qu'une,
Pour embrasser l'éternité,
Chacun avec sa chacune
Sans souci de notoriété.

En improbable grand-père,
Tu choyas ce petit-fils
De circonstances que je fus naguère,
Sans faux à priori ni artifices.

Cet héritage original
Que tu me léguas, m'enrichit
De jour en jour, tout bien réfléchi,
Dépourvu de pensées vénales.

Il tient en de lointains souvenirs,
D'un temps ému précieux,
Où je m'ouvris sur l'avenir,
A consommer radieux.

Aujourd'hui, me voila heureux dépositaire
D'un bien beau trésor à faire fructifier,
En le transmettant à d'autres bénéficiaires,
Qui sauront encore mieux le vivifier.

Table des matières

Dédicace 3

Le petit ramoneur 4

Quatrains cubains 5

Causerie au coin du feu 7

Ernest Psichari 8

Avant de m'endormir 10

Songes sur la terrasse 12

Sucrer les fraises 14

Au Picon bière 15

Fantaisie 17

Au centre social 18

Faites de la musique 20

La maison de famille 21

Sur les docks 23

Prendre la clef des champs 24

La fille Jaÿr 25

Les bourreaux aux mains propres ... 27

Rue Rosa Luxemburg 28

Sur un air d'opéra 30

En tandem 31
Le courrier 33
Aux pédales 34
Vanité des vanités 36
Premier de cordée 37
Rangés des voitures… 39
Souffrir avec élégance… 41
En Gordini 42
Blond comme les blés 44
L'Afrique des non-dits 46
Un vrai Triomphe ! 48
Les grandes vacances 49
Aquarelle animée 51
Le cheminot 53
Armand d'un jour et de toujours 55
Le service de l'eau 56
Retour à Montplaisir 58
Une lettre anonyme pour le Roi 59
L'O.C.H 61
Marie-Clémence 63

Papi signe son pain 64

La fidèle sacristine 66

Madame l'Aviron 68

Ainsi va la vie 69

Les mauvais coucheurs 71

La souillarde 72

Sous le griottier............................... 74

L'écrivain public.............................. 75

Droit devant..................................... 77

Sous une brassée d'étoiles............... 78

Les cerfs-volants.............................. 80

L'institut de France 82

La Marie-Louise.............................. 83

De la gouache au pinceau,............. 83

Jumelage à Merzhausen 85

Dans l'enfer des mines 87

Sous l'orage 89

Les petites gens 91

Rayon de soleil sur ma jeunesse...... 92

Achevé d'imprimer en France

Mars 2020

Dépôt légal – Mars 2020

Printed in Poland
by Amazon Fulfillment
Poland Sp. z o.o., Wrocław

59705685R00063